Bildung hat Revolutionsgeruch...

Hendrik Krause

Grundstein zur Revolte

Lyrik mit Biß

Illustrationen: Hendrik Krause

Dankeschön an den Weimarer Maler
Hartmut „Hupsi" Schmeling für den Klappentext.

© 2011 Hendrik Krause
Herstellung und Verlag: Books on Demand GmbH, Norderstedt
ISBN: 9783842376731

Bibliografische Information der Deutschen Nationalbibliothek
Die Deutsche Nationalbibliothek verzeichnet diese Publikation in der
Deutschen Nationalbibliografie; detaillierte bibliografische Daten sind im
Internet über http://dnb.d-nb.de abrufbar.

Inhalt

Die neuen Schäfer

Mäh! Mäh! Mäh!, heut' kommen neue Schäfer.
Mäh! Mäh! Mäh!, tönt es im ganzen Rund.
Wacht auf, ihr Wolle-Schläfer!,
ruft jeder Schäferhund.

Mäh! Mäh! Mäh!, hört man an allen Orten,
Mäh! Mäh! Mäh!, reißt man uns aus dem Schlaf.
Mäh! Mäh! Mäh!, ich glaub' nicht mehr den Worten,
seh' vor und hinter mir ein Schaf.

Mäh! Mäh! Mäh!, gut seh'n die neuen Schäfer aus.
Mäh! Mäh! Mäh! und größer sind die Hunde.
Mäh! Mäh! Mäh!, jetzt geht's auf fette Weiden raus,
so macht es hier die Runde.

Ich trau' der Mäh!-Maschine nicht
und nicht den Schäfern mit den Hunden.
Ich weiß, im trüben Dämmerlicht
sind sie der Wölfe beste Kunden…

Das Politiker-Sportfest

Des Morgens, nur nicht allzu früh,
geben sie sich wieder Müh'
und sind auf ausgetret'nen Wegen
zum täglich' Sportfest angetreten.

Niemand trägt hier kurzes Dress,
nein, das wäre viel zu keß,
der dunkle Anzug prägt das Bild -
und vorne der Krawattenschild.

Niemand hat sich vor dem Raufen
um Ruhm und Ehre warmgelaufen.
Man kommt im schönen warmen Fond
der Limousinenpanzerung.

Tauzieh'n ist heut Tagesplan -
hektisch denkt ein Jeder dran,
ob schriftlich das geregelt sei
mit der Strippenzieherei.

Ein Herr von ziehmlich kleinem Wuchs
kümmert sich um Arbeitsschutz
und verteilt aus seiner Truhe
an alle nun Glacé-Handschuhe.

Die Mannschaften sind noch nicht klar.
Zwar gibt es welche, das ist wahr,
doch viele wechseln ständig weiter -
sie wollen sein der Mannschaftsleiter.

Als dieses dann mit Not geklärt,
weiß man nicht, wie man wohl verfährt,
wer wohl als Erster ziehen soll
zu seiner Ehr' und Volkes Wohl.

Darüber wird nun abgestimmt
und einige sind bös ergrimmt,
doch – um des Volkes Wohl – der Reigen
wird sich dem Stimmenurteil beugen.

Über allen diesen Worten
ist es nun fast Nacht geworden
und so muß, und das ist schwer,
schnellstens ein Ergebnis her.

Also greift, ob Mann, ob Frau,
jeder sich ein Stückchen Tau
und sie zerren auf der Lichtung
ein jeder in 'ne and're Richtung.

So wird das nichts, stellt man dann fest,
eh' man vom Volk sich schelten läßt
hat man sich – einstimmig gesagt -
dann auf den nächsten Tag vertagt…

Die neue Pest

Seht, die Welt ist aus den Fugen.
Überall, wohin man schaut,
führen jene, die einst Anstand trugen,
nur noch ihr Geld als zweite Haut.

Tausendfach verhungern Leute,
wir kippen Getreide in unseren Tank.
Das ist die Neue Welt von heute -
ich find' das einfach nur noch krank.

Die Gier nach Geld ist eine Seuche,
die Pandemie der neuen Zeit!
Man füllt nicht mehr der Armen Bäuche,
man will die Aktienobrigkeit.

Vom Wollen

Jeder Mensch soll etwas wollen,
weil jeder Andere etwas will.
Weil alle Menschen wollen sollen,
ist mir dies Wollen schon zuviel.

Ich werd' mich nicht ums Cent-Stück raufen,
die Mammon-Schlacht ist mir zu harsch.
Ich will nicht mit der Herde laufen,
wer folgt, folgt nur des Vor-Schafs Arsch.

Ich will vorangeh'n ohne Eile,
verharren ohne stillzusteh'n.
Nur wer sich Zeit nimmt zum Verweilen,
erkennt die Welt als wunderschön.

Der Clown

Lacht Euch krumm, ich bin der Clown.
Im Zirkus wird der Clown verhau'n,
trägt buntes Zeug und zieht Grimassen
für die ganzen Menschenmassen.

Ihr seht mich an, ich trag die Maske
aus Creme und aus Farbenpaste.
Was Ihr nicht wißt, auch Ihr tragt sie
doch zum Erheitern taugt die nie.

Wenn ich des Nachts das Rund verlasse,
entferne ich die bunte Masse.
Ihr nehmt die Maske mit nach Hause
und tragt sie weiter ohne Pause.

Um meinen Hals liegt mir ein Kragen
aus Rüschen, die wild Falten schlagen.
Bei Euch, ich kann Euch nicht verschonen,
besteht er wohl aus Konventionen.

Bin nur der Clown, der dumme Tor,
doch halt ich Euch den Spiegel vor.
Das, worüber Ihr so lacht,
hab ich aus Eurem Tun erdacht.

Frech tu' ich das, was Ihr nicht könnt,
was Herrliches ist mir vergönnt,
denn durch Creme, Farbe, Kragen
darf ich so ziemlich alles sagen.

Fürchtet mich, ich bin der Clown!
Denn seht Ihr mich hier Unfug bau'n,
die Karre in den Haufen lenken,
müßt Ihr das eig'ne Tun bedenken.

Kirschen aus Nachbars Garten

Wir haben Lampen, schön und hell
und fahren Auto gern und schnell.
Wir sind vom Wissen aufgehellt
und bau'n uns eine neue Welt.

Das scheint an sich nicht so verkehrt,
allein, das find' ich unerhört,
gibt's immer wieder Leute hier,
die wollen mehr als ich und wir.

Ihr Hals wird niemals voll genug,
wenn nicht legal, dann mit Betrug
erhöh'n sie ihren Anteil hier -
die Leidtragenden sind wir.

Und brauchen sie 'nen neuen Grund,
zu greifen tief ins Erdenrund,
so brauchen wir nicht lang zu warten -
sie wollen Kirschen aus Nachbar's Garten.

Zur Legitimation vorm Land
steckt man sein eignes Haus in Brand
und fällt dann, so als Feuerwehr,
über seinen Nachbarn her.

Ihr sagt jetzt, ups, das kenne ich -
so neu ist die Idee auch nicht.
Das gab es schon, ist fast verjahrt,
vom bösen Mann mit kleinem Bart.

Ob Reichstag oder WTC,
mir scheint nicht neu, was ich da seh',
ob Öl, ob Ost-Refugium -
da dreht sich mir der Magen um!

Es wird nun endlich Zeit, daß wir
was machen gegen diese Gier,
die wahren Schuldigen nun finden
und Frieden in der Welt verkünden!

Wahljahr

Abermals hab ich die Wahl
und damit allerhöchste Qual:
Wen soll ich meiden, welches küren
von unseren Politik-Geschwüren?

Allerorten, immer wieder
singt man frohe Zukunftslieder,
man küßt und kuschelt virtuell
beim scheinbaren TV-Duell.

Die, die die letzten Jahre sangen,
sind froh, daß sie nicht aufgehangen
an ihrem eigenen hohlen Wort
vom Volk an einem stillen Ort.

Die kauen nicht auf Heringsgräten,
die feiern ganz pompöse Feten -
so wurden aus Bundestagsmandaten
schnell freie Wirtschaftsmarkt-Magnaten.

Da frag ich Euch, wen soll ich wählen?
Auf wen soll ich in Zukunft zählen?
Wer wird in meinem Sinne denken,
den Wagen zukunftsfördernd lenken?

Ich wollt', es stünde statt "Partei"
auch gleich der Aufsichtsrat dabei,
mit dem der Kandidat dann dealt -
bevor er mir die Zukunft stiehlt.

Deutsche Freiheit

Oh, wie sind wir Deutschen frei -
frei zum Leben und zum Sterben.
Wir fühl'n uns wohl im Einheitsbrei
und warten brav auf's Erben.

Die herrlich flache Neue Welt
formt uns nach ihrem Bilde
mit TV und Spielzeuggeld,
dann führ'n wir nichts im Schilde.

Wir glauben an die Wahl der Qual,
das wird schon alles richtig sein.
Und stellen fest mit einem Mal:
Man legt uns doch nur rein.

Von Politik sind wir verdrossen,
es fehlen uns die Mittel.
Braune Saat wird angegossen -
was soll der ganze Spittel?

Ich glaub nicht mehr dem Phrasenschwein,
das fett wird in Berlin!
Bild' meine Meinung mir allein -
mich zieht's zur Wahrheit hin.

Ich lieg' nicht auf der Deutschen Bank,
laß mich von Euch nicht füttern.
Der Fraß macht nur mit Dummheit krank,
um 's Weltbild zu erschüttern.

Ich mach nicht mit bei diesem Spiel
um Einfluß, Macht und Geld.
Ihr quatscht vom Terror mir zu viel,
von Wirtschaftsmacht der Welt.

Die Herde

Alles zu sein und Nichts zu werden,
was schon die Kirche uns gebietet -
so ist das nun in Hammelherden,
sie werden gern gehütet.

Voll Argwohn schielen sie zum Nachbarn
ob er den grüneren Grashalm hätt',
doch grasen weiter, brav und achtsam -
davon wird nur der Schäfer fett.

Wie lange wollt Ihr Schafe glauben,
die Wahl des Schäfers sei doch frei?
Dem Einen bringt's gebratene Tauben,
den Anderen den Einheitsbrei.

Nur selten färbt eins von den Schafen
sich vom Weiß ins Schwarze um,
dann tun sie schnell als ob sie schlafen
und machen einen Bogen drum.

Der Schäfer aber und seine Hunde,
die sondern dieses Schaf schnell ab.
Schon ist in aller Schafe Munde:
Man liefert es beim Schlachter ab.

Wenn Ihr nur fest zusammen stündet
rings um das Schaf, nach dem man trachtet,
und hörtet, was es Euch verkündet,
dann würd' es nicht geschlachtet.

Dann bräuchtet Ihr den Schäfer nicht
und nicht die derben Hunde.
Dann hätte Euer Mäh! Gewicht
und wär' in aller Munde.

„Der alte Mann", Linolschnitt, 2010

Der alte Mann

Ich kenne einen alten Mann,
der läuft schon lang gebückt herum.
Er hat geschuftet, was er kann,
nun ist er völlig krumm.

Sein ganzes Leben voller Fleiß
hat er geackert auf dem Bau.
Er ist erst 60, wie man weiß,
doch er wirkt alt und grau.

Stein um Stein ist abgebrannt
seines harten Lebens Kerze.
Und nun schickt man ihn wieder ran -
was sind denn das für Scherze?

Bis 70 soll er knuffen nun,
kann kaum gerade gehen.
Glaubt Ihr, man gibt ihm was zu tun?
Das möcht' ich wirklich sehen!

Statt peinlich Euer Volk zu narren
mit solcherlei Gedankenfürzen
sollt Ihr mal an den Reichen sparen
und dort ein wenig kürzen!

Denn glaubt mir, uns're Leidensschwelle
ist längst so hoch nicht, wie Ihr denkt!
Man hat, in einer Zorneswelle,
schon früher Obrige gehängt…!

Wir sind alle gleich

Wenn Meier sich verkalkuliert
und seine Existenz verliert
und dem Finanzamt fehlt Geduld,
so ist das seine eigene Schuld.

Was sucht er auch in solchen Zeiten,
wohl wirtschaftlich sich auszubreiten!
So zeigt der Staat, daß er ihn liebt -
und ihm wird fix die Luft gesiebt.

So muß er nun nicht bis zur Rente,
nein, ganz bis an sein Lebensende
für seinen Fehler stehen ein -
das beziehungs-arme Schwein.

Passiert dies nun der Deutschen Bank
und die ist ganz genau so krank,
ist das für mich die gleiche Blöße -
nur halt in anderer Größe.

In diesem Fall zahlt "Der nichts hat"
ein paar Milliönchen an den Staat
und ist, wie schon so oft geschehen,
gesellschaftlich hoch angesehen.

Ihr meint, ich sehe das zu scharf,
die Bank dient höherem Bedarf -
vor dem Gesetz sind alle gleich,
dem Meier bleibt das Himmelreich…

Nächtliches Zwiegespräch

Tief in so einer kalten Nacht
bin ich mal wieder aufgewacht.
Durchgefroren, doch am Schwitzen,
seh ich jemand im Zimmer sitzen.

Ich denk mir so, na huch, nanu,
wer zur Hölle bist denn Du?
Da trifft's mich wie aus Himmel heiter,
es ist mein ständiger Begleiter.

Der, der mir schon seit Jahren hält
die Treue stets in dieser Welt,
der mich – ob hungrig oder satt -
seit Jahren nicht verlassen hat.

Hallo Elend, na wie stehts,
sind lang gemeinsam unterwegs.
Willst Du nicht bald mal von mir scheiden,
und jemand anderen begleiten?

Such Dir 'nen fetten Nimmersatt,
der alles stets bekommen hat,
nimm wen, der groß ward durch die andern,
die stets an Deiner Seite wandern!

Das Elend sprach, eins sag ich Dir:
So einfach ist das nicht mit mir.
Ich werd' Dir, quasi von ganz oben,
vom Nimmersatt stets zugeschoben.

Gern nähm' ich, und das wurmt mich sehr,
den reichen Sack statt Deiner her.
Gern zeigte ich ihm Deine Welt,
glaub nicht, daß ihm das sehr gefällt.

Doch ach, der Sack hat's auch nicht leicht,
ist von der Krankheit aufgeweicht,
die macht, daß er nichts sehen kann und hören
von Deiner Sorte Jammerchören.

Und noch etwas, ich sag's Dir bloß,
gäb's Dich nicht, wär ich arbeitslos.
Und für mich gibt's keine Kasse
wie für die breite Elendsmasse.

Na gut, sag ich, das ist fatal
und irgendwie auch unsozial.
Das Elend arbeitslos, das ist
ja fast schon wie im Paradies.

Laut Kirche soll das Paradies auf Erden
erst nach dem Tod vergönnet werden.
Was soll ich nach dem Tod damit -
heut lebt alles, was ich lieb'!

Ich weiß nicht, wie Ihr Euch das denkt,
schließlich will ich nichts geschenkt!
Das, was ich will, ist ganz normal,
ein Leben ohne sinnlos Qual.

Will Arbeit für das Brot im Mund,
paar Brocken übrig für den Hund,
das Lächeln meiner Liebsten hier
und ab und zu ein kühles Bier.

Da meint das Elend: Statt zu keifen
mußt Du den Nimmersatt Dir greifen.
Stoß ihn herab von seinem Thron,
die Freiheit sei Dein reicher Lohn.

Wie hab ich darauf losgelacht!
Ganz laut, bin drüber aufgewacht.
Wie schade, alles nur ein Traum!
Im wahren Leben klappt das kaum.

Oder? Vielleicht klappt es doch?
Millionen hocken hier im Loch
des Lebens so wie Du und ich –
die Wut staut sich verführerisch!

Wir brauchen aus den Elendssitzen
nur anständige Prügel schnitzen.
Dann zeigen wir dem Nimmersatt,
was er in uns geschaffen hat!

Das, was er sich angerafft,
wird gemeinsam weggeschafft,
auf alle gleichsam dann verteilt
und so die kranke Welt geheilt.

Der Bekehrer

Nachts geh ich durch die Stadt so gern,
da treff ich einen alten Herrn,
der will von Christus mir erzählen,
will mich mit seinem Gott vermählen.

Er spricht zu mir, komm, sei nicht dumm,
noch bist Du stark, noch bist Du jung,
noch kannst' des Heilands Wort verkünden –
Er sagt nichts von den Kirchenpfründen?

Er spricht zu mir, ich sei so reich,
mein Leben sei fast engelsgleich,
wenn ich ganz brav und so wohl fort,
wenn ich verkünde „Gottes Wort".

Ich mein', was Du mir anvertraust,
ist wie der wilde Sturm gebraust.
Man hat gemordet allerorten,
wohl auf den Lippen „Gottes Worte".

Nun kommt's zurück – und wilder Geifer
tropft von den Lippen anderer Eif'rer:
Wir stehen vor dem Glaubenskrieg,
fundamental wohl sei der Sieg.

Das, was Du mit träumend' Blick
mir impfen willst als Lebensglück,
kann ich Dir so nicht wirklich glauben –
Du willst mir meine Seele rauben.

Du willst, daß ich die Knie biege
vor glatt zweitausend Jahren Lüge –
hätt'st auf die Gebote Du gebaut,
hätt' ich Dir vertraut.

Die 10 Gebote – schau verkleistert! –
sind alles, was mich je begeistert',
an Eurer schönen Theorie
von des Volkes Anästhesie!

Ich mag die alten Götter gern,
die menschlich fast, nicht himmelsfern,
mit Herz und Hirn mein Leben teilen
und nicht im Himmel nur verweilen.

Mein Blut sei Thyr, mein Schwert für Thor!
Nun komm Dir nicht so wichtig vor!
Mein Leben für Odin – und nach dem Tod
teil' mit ihnen ich mein Brot.

Ich werd' die Alten wiedertreffen,
meine Onkels, ihre Neffen
und man wird mich dafür lieben,
daß ich im Leben *ich* geblieben.

Daß ich gelebt hab nach den alten
Lehren derer, die erkalten,
die viermal wohl in Rom schon standen
und nichts Begehrenswertes fanden.

Nenn' sie Barbaren, nenn' sie Bauern,
sie werden ganz gewiß nicht trauern,
wenn jene, die des Ruhmes voll,
einzieh'n in Walhall.

Du meinst, daß Leben Schicksal ändert,
doch das ist lange schon gespendet –
die Nornen, die den Faden spannen,
sie lächeln hinter Tannen.

Nimm mir nicht krumm, daß ich begehre
den nächsten kühlen Krug als Fähre.
Und treff' ich Heimdall, grüß' ich ihn
von Eures Traumes Paladin…

Die Tore von Walhalla

Ich las und hörte manche Mär
aus alten Zeiten, lange her,
von Helden und von hehren Frauen,
ganz stolz und trefflich anzuschauen.

Auch las ich wohl von Heldentaten
so ruhmreich, daß noch heut die Barden
zu ihrem Lob zur Laute singen
von Ehren- und von Liebesdingen.

Seh ich nun heut manch feisten Knaben
durch unsre alten Gassen traben,
die Fahnen schwenkend hoch und schrein –
dann drängt sich mir ein Bild wohl ein:

Ich sehe diese braune Brut,
die lautstark sich hervor nun tut,
im Sinn, sie sei der Recken Sproß,
vor unsrer Götterväter Schloß.

Mit Tschingtrara und Stiefelknallen
marschieren sie ans Tor der Hallen,
begehren Einlaß, Jetzt! Sofort!
an diesem heil'gen alten Ort.

Jedoch, das Tor bleibt fest verschlossen,
statt Wein und Met wird nur vergossen
hoch von den Zinnen Heldendung –
vom Loki zur Belustigung.

So bleibt den möchte-doch-gern-Helden
in alten wie in neuen Welten
anstatt sich stolz und teutsch zu täufen nur eins wohl –
in der Midgardschlang' sich zu ersäufen.

Und siehe da, kaum ist's geschehen,
kann ich die alten Recken sehen,
die sich in herrlichem Vergnügen
vor Lachen auf den Zinnen biegen.

Ja, das wär wahrlich ein Genuß,
die Stiefel, Fahnen, all den Stuß,
für immerdar wohl zu versenken
und so der Helden zu gedenken.

Wieder mal Hartz IV

Die, die mit mir nun hier hocken,
die haben kaum noch Rechte.
Die haben kein Geld für einen Brocken
und das ist wohl das Schlechte.

Der, der uns das eingebrockt -
als politisch gute Tat -
der lächelt freundlich breit und hockt
bei GASPROM im Aufsichtsrat.

Daß dies' Gesetz ein Fehler war,
das wissen heute alle.
Ändern will man's dieses Jahr -
nun kommt die neue Falle.

Zehn Euro mehr wirft man uns hin -
Almosen für Bettler!
Das entzieht sich meinem Sinn,
ich bitt' nicht um „Gut' Wetter".

Ihr kuschelt mit den Hoteliers,
führt Krieg in aller Welt,
bezahlt Konzernen die Palais
von unserem Steuergeld!

Wie bin ich diese Brut so leid,
dies' ganze gierige Pack!
Da sehn' ich mich nach Märchenzeit
und „Knüppel aus dem Sack"!

„Josef Ackermann's Sondervorstellung mit Angie"...

Die Banken an den Steuerzahler

Einst ging es uns phantastisch gut,
wir hatten mächtig volle Taschen.
Da gab's die Immobilienflut
und andere halb-legale Maschen.

Jetzt haben wir's total verbockt,
und tun, was neuestens Banken tun -
wir haben Euer Geld verzockt
und bitten Euch um Hilfe nun.

„Pro forma", denn die Politik
hat diese Wege längst geebnet,
dafür gab's Aufsichtsräte-Glück
und Geld hat's reichlich auch geregnet.

Drum öffnet Eure Taschen weit,
ihr Steuerzahler rings im Land,
damit Ihr bleibt für alle Zeit
unsres Profites Unterpfand!

Afghanistan

Wieder steh'n Soldatenschuhe
tief in fernem Wüstensand.
Wieder öffnet Ihr die Truhe,
die nach Pandora einst benannt.

Fürchtet nur der Zeiten Rache!
Die Verfassung zeigt sich derb beleidigt.
Deutschland wird, daß ich nicht lache,
heut' am Hindukusch verteidigt.

Gibt es nicht reichlich eigene Sorgen?
Für Arme, Bildung fehlt uns Geld.
Längst müssen wir in Massen borgen,
doch Ihr führt Krieg in aller Welt.

Ihr nennt es Kampf dem Terrorismus,
Ich nenn' es einiger Weniger Gier.
Ihr schafft den neuen Katechismus,
ich sage: Deutschland, wehe Dir!

Laßt Euch nicht vor den Karren spannen
vom Bruder aus der Neuen Welt!
Wo sind die klugen Alemannen,
für die statt Mammon Zukunft zählt…?

Das Einmaleins der Zukunft

Stets will man uns zeigen
viele Namen im Reigen -
auf dem Blatt für die Urne
beginnt nichts von vorne.

Aus Fünfen wird Viere, aus Drei die Zweien,
wir glauben tief ans Recht der Parteien.
Wir schaffen wie das liebe Vieh
im Glauben an ewige Demokratie.

Aus Millionen Milliarden,
vergessen der Garten,
aus Sanftmut wird Gier,
aus Menschen Getier.

Aus Fünfen wird Viere, aus Drei die Zweien,
wir glauben tief ans Recht der Parteien.
Wir schaffen wie das liebe Vieh
im Glauben an ewige Demokratie.

Wir gehn von alleine
an kaum sichtbarer Leine,
die Freiheit sehn wir
in der Kneipe beim Bier.

Aus Fünfen wird Viere, aus Drei die Zweien,
wir glauben tief ans Recht der Parteien.
Wir schaffen wie das liebe Vieh
im Glauben an ewige Demokratie.

Die Illusion der Wahl,
der Hirntod im Lokal.
Bleibe nur recht dumm,
dann bist Du schön stumm.

Aus Fünfen wird Viere, aus Drei die Zweien,
wir glauben tief ans Recht der Parteien.
Wir schaffen wie das liebe Vieh
im Glauben an ewige Demokratie.

Zur Arbeit wir eilen
während andere teilen -
sie den Kuchen, Du das Brot,
der Industrie der Reichtum, Dir die Not.

Aus Fünfen wird Viere, aus Drei die Zweien,
wir glauben tief ans Recht der Parteien.
Wir schaffen wie das liebe Vieh
im Glauben an ewige Demokratie…

Die Bürger-blöd-Laterne

Lang schon drückt mich die Prothese,
zwickt und zwackt und macht mir Wut.
Des Lebens verordnete Geist-Askese
ist niemals für ein Leben gut.

Lang schon tränen mir die Augen
vom „durch-die-rosa-Brille-Blicken" -
in Medienwelten, die nichts taugen,
laß ich mich nicht mehr schicken.

Ihr baut scheinbar schöne Zeiten -
und tut als würde alles gut -
aus tausend kleinen Nichtigkeiten
und haltet zahm die Bürgerbrut.

Ich sehe lieber in die Ferne
und ordne selbst mein Leben neu,
denn Eure Bürger-blöd-Laterne
mach Lebende nur lebens-scheu.

Die Glotze brauch ich nicht, fürwahr,
da les' ich lieber mal ein Buch.
Ich weiß, das macht mich zur Gefahr,
denn Bildung hat Revolutionsgeruch.

Der deutsche Michel und der Terror

Terror ist das Wort der Stunde,
die Medien beten es im Chor,
Terror ist in aller Munde,
denn dieses Wort bringt Angst hervor.

WIE MAN ALS
AMERIKANISCHER
PRÄSIDENT DEN
FRIEDENS -
NOBELPREIS
BEKOMMT?

MAN VERSPRICHT,
GUANTANAMO
AUFZULÖSEN UND
DEN KRIEG IN
AFGHANISTAN
ZU BEENDEN...

...UND LÄSST
DANN ALLES,
WIE ES IST.
...

Terror ist die feinste Sache
für jeden in der Politik -
wenn ich dem Volk nur Ängste schaffe,
gibt es sein Bürgerrecht zurück.

Aus dieser Angst öffnen wir Türen,
die eigentlich privat nur sind,
man muß sie nur recht häufig schüren,
dann gibt den Fingerabdruck jedes Kind.

Die Angst vorm Hammer und der Sichel
war plötzlich einfach nicht mehr da.
Statt Kommunismus nimmt der Michel
als neue Angst den Terror wahr.

Wie praktisch ist doch diese Sache!
Geneigten Haupts schafft Michel Geld
für Bänker und Euch Meinungsmacher,
baut Huxley's Schöne Neue Welt.

Für Deutschland

Angela hat uns schön vermerkelt
und Wolfgang schaut in Emails rein,
die in Liebe wohl gewerkelt,
Liebesbriefe sollten sein.

Die Steuern senken sie wie nie -
nein, wir werden das nicht spüren -
das merkt nur die Industrie,
die zum Wohlstand sich wird führen.

Glaubst Du noch an des Volkes Macht,
an des Demos' große Ehren?
Die ist zur Seite längst geschafft,
wird Wintermärchen werden.

Die als Altvordere gesetzt,
zu unserem Wohl und Deutschlands Ehren,
biegen ehernes Gesetz,
um ihren Reichtum zu vermehren.

Im neuen Jahr wünsch' ich der Gilde
die schwarze Pest nun an den Hals,
denn ihre vielgerühmte Milde
trifft ihre Partner allenfalls…

Klippenspringer

Seht sie Euch an, die leere Hülle,
wer hat gesagt, es wäre leicht?
Des Menschen fleischgewordener Wille
ist irgendwie nur butterweich.

Die großen Pläne unserer Jugend,
wir haben ihre Tat versäumt.
Das Raffen ist uns heute Tugend,
die Träume sind längst ausgeträumt.

Sticht Euch nicht manchmal auch die Lust,
es doch noch einmal zu versuchen?
Frech auszubrechen aus dem Wust
aus Raffen, Rechnen, Buchen?

Einmal nur kopflos nicht den Kopf,
die Füße(!) tief im warmen Sand,
vom Wind umweht der wilde Schopf
an endlos fernem Strand.

Einmal Herzschlag statt des Klingens
barer Münze in der Kasse,
einmal frei von Klippen springen
statt Schwimmen mit der Masse!

Neue Welt

Ich sprach mit 'nem Sozialarbeiter,
der hatte keine Arbeit mehr,
war auf dem Abstieg von der Leiter -
die Fördertöpfe seien leer.

Ihr sagt, der Terror sei der Sinn
für teure Kriege in der Welt
und kürzt dann der Verkäuferin
von nebenan das Kindergeld.

Den Banken gebt Ihr endlos Macht
übers Geld des kleinen Mannes
und weil darüber niemand wacht,
ist's bald in Liechtenstein und Cannes.

So mancher brave Politiker,
zerfressen fast vom Geiz,
wird nach dem Amt zum Millionär
in Rußland und der Schweiz.

Wie wär's, wenn einmal jedermann
wie Ihr sich einfach nähm'
von Eurem Geld soviel er kann
als neues Wirtschaftssystem?

DEUTSCHE BANK
RETTET GRIECHENLAND!

Guttenberg'sche Weltsicht

Wenn auch ganz Deutschland von mir denkt,
ich hätt' Erfolg durch Lug und Trug,
halt' ich doch nicht den Kopf gesenkt -
dafür ist's nicht genug.

Dafür war viel zu lang die Lehre
als Blender und als Mime
als daß ich nun den Rücken kehre
dem herrlichen Regime!

Ich such mir meine Rechte aus,
ihr braucht ja keine haben,
denn ich sitz hier im hohen Haus
und ihr im nassen Graben.

Ihr habt das Übel selbst gewählt -
ob 's größ're oder klein're -
ich bin durch Eure Wahl gestählt,
Demokratie gibt's nicht für Kleine…

Eil' Dich, eile...

Eil' Dich, eile, raffe, schaffe,
trag' Deinem Chef die Tasche nach.
Während ich genüßlich gaffe
machst Du Dir Streß den ganzen Tag.

Eil' Dich, eile, raffe, schaffe,
daß nie Termine Du verpaßt.
Du rennst dem Geld nach wie ein Affe,
der nicht in seinen Anzug paßt.

Eil' Dich, eile, raffe, schaffe,
Dein Leben ist ein einz'ger Kampf.
Ich hab' die Sonne, Du das Straffe,
Du Schweiß – ich den Lach-Muskelkrampf.

Eil' Dich, eile, raffe, schaffe,
zum Geld zieht's Dich wie magisch hin.
Ich kann am frühen Morgen lachen,
weil ich nicht so fanatisch bin.

Ich kann lächeln, wenn Du schuftest.
Ich bin im Leben mittendrin.
Wenn Du Dich einst wie ich verduftest,
hast Du viel Geld – und ich den Sinn.

Die Wahrheit

Die Wahrheit ist nicht angenehm,
die kommt nicht im TV.
Das wäre ja auch viel zu schön,
dann wär'n wir alle schlau.

Die Wahrheit ist ein frecher Spiegel,
sie lacht uns ins Gesicht.
Drum hält man sie gern unterm Siegel
bis daß das Siegel bricht.

Sie ist auch keine Lotion,
man kann mit ihr nicht cremen,
ist keine peinlich' Emotion,
man muß sich ihr nicht schämen.

Manch Einer denkt in seinem Frust,
er kann die Wahrheit biegen,
doch wird ihm dann recht schnell bewußt,
das ist schon fast wie lügen.

Dann wird die Wahrheit hart und stark
und ziemlich schnell verzwickt
und schlägt in ihrer wahren Art
dem Lügner ins Genick…

Jahreswechsel

Altes wird nun abgelegt,
wir tragen es zu Grabe.
Die alten Sorgen weggefegt,
jetzt kommen neue Tage.

Jeder nimmt sich etwas vor,
jeder will sich ändern.
Das kommt mir ziemlich albern vor
und zerrt mir an den Bändern.

Da bleib ich lieber, wie ich bin,
laut und frech und frei.
Nur so macht Leben einen Sinn,
ich fühl' mich wohl dabei.

Wer selbst nicht denkt, ist viel zu faul
und bleibt der ewige Tor.
Ich schau der Umwelt stets auf's Maul,
nehm' selbst kein Blatt davor.

Ich wollte, alle nähmen's so
und stellten sich mal quer!
Dann wären alle Bürger froh -
nur nicht Politiker…

GEWALTBEREITER AUTONOMER KURZ VOR DER RÄUMUNG.

Das hab ich nun davon

Im Supermarkt ist alles super,
ich kann durch die Regale laufen
und fühl mich wie ein Hosenpuper:
ich hab kein Geld und möchte kaufen.

Im Fernsehen zeigt man mir die Welt,
so rein und sauber, reich und schön,
doch alles das beruht auf Geld -
ich glaub, ich muß gleich kotzen geh'n.

Das, was ich will, ist doch kein Luxus,
was ich brauch, ist ein Leben nur.
Es ist des Lebens alter Usus:
Hunger ist wider die Natur.

Mein Leben ist für Euch 'ne Zahl,
für mich ist es kein Daunenkissen -
warum hab ich zur letzten Wahl
nicht vor den Bundestag geschissen…?

Drachenherz

Kennst Du das seltsame Gefühl,
wenn man sich ständig im Gewühl,
im neuen Aufbruch nur befindet
und doch die Zeit nichts neues kündet?

Glaubst Du Dich manchmal fehl am Platze,
grad wie ein Haar auf einer Glatze
und das wird völlig ungeniert
zum Wohl der Glatze abrasiert?

Gehörst Du so wie ich zu denen,
die sich nach Herzenswärme sehnen,
die mehr für Liebe als für Geld
ihr Tänzchen tanzen mit der Welt?

Hast Du wie ich manch laue Nacht
am Feuer bei Gesang verbracht,
randvoll die Brust mit süßem Schmerz?
Dann hast auch Du ein Drachenherz…

Wenn einer ein Gesetz erläßt

Wenn einer ein Gesetz erläßt,
das jedem in die Tasche fäßt,
und sagt, wir alle hätten's schwer,
so ist das ein Politiker.

Wenn sich dieser Mann
nach seiner Amtszeit dann
in Wirtschaftskreisen treibt umher,
so nennt man ihn dann Manager.

Wer heute erzählt,
er hätt' ihn gestern nicht gewählt,
und sei nicht Schuld am Hin und Her,
sind wir – die dummen Plebejer.

Wie wär's, statt Obere zu beschenken,
das Hirn zu nutzen mal zum Denken,
an gute Sitte und Moral -
dann paßt gut auf zur nächsten Wahl…

Die Ursula

Die Ursula, die von-der-Leyen,
ist ein politisch' Blümelein -
sie wirkt stets sauber und adrett
und lächelt unverbindlich nett.

Die Ursula, die kümmert sich,
der fallen die Kinder nicht vom Tisch -
die geh'n als Vorbild für das Land
brav an des Babysitters Hand.

Und hast auch Du der Kinder viele,
nimm Dir die Ursula zum Ziele -
sie lebt Dir vor, wie leicht sich's lebt,
wenn's Konto voll Diäten klebt.

Weißt Du auch nicht, wie's weitergeht,
denn auch Dein Konto hat Diät -
nur nicht ganz so wie Ursulas,
ach, miß' doch nicht mit zweierlei Maß!

WIR HABEN UNS ÜBER HARTZ IV GEEINIGT. HIER! DAMIT GEHT'S BESSER!

Wer mag das sein?

Lächelnd zieht er seine Bahn,
nicht gerade voll Elan,
achtet auf den Vordermann
und spitzt gift'ge Pfeile an.

Seine einz'ge Profession
ist beim Chef Reputation
und eine Notsituation
scheint ihm für Dich gerechter Lohn.
Mit nassem Mund vom Speichellecken
versucht er, Fehler zu verstecken,
jedoch, die Deinen zu entdecken,
treibt ihn in die kleinsten Ecken.

Normalerweise ist er träge
und nur 'gen Feierabend rege,
schärft für Deinen Stuhl die Säge –
gut geraten: Dein Kollege…

Klagelied des Kleinunternehmers

Die Worte „Zahlung“ und „Moral“
sind im Verhältnis recht fatal.
Nicht jeder, der sich was bestellt,
hat dafür auch das Geld.

Geht es um einen Warenwert,
ist Rücknahme empfehlenswert,
doch geht es um erbrachte Leistung,
schaut der Leistende meist dumm.

So wie ein Motor ohne Sprit
ist er nicht für die Leistung fit
und bleibt der Kühlschrank zu lang' leer,
gibt's bald auch keine Leistung mehr.

„Morgens halb zehn in Deutschland", Bleistift, 1998

Die Agenda 2010

Mit heutigem Tag ist sie geschehen,
die Agenda „Zwanzigzehn".
Herr Schröder hat uns prophezeit
ein blühend' Deutschland weit und breit.

Entgegen der Spötter und Durchgeknallten
hat er exakt sein Wort gehalten -
so voll war wohl die Kasse nie
auf Seiten der GASPROM-Industrie.

Du meinst, das wäre ungerecht,
die Lösung für die Leute schlecht -
dann lebst Du – so wie ich Kanaille -
auf der falschen Seite der Medaille…

Der Angestellte

Der Angestellte sei froh und heiter,
behutsam auf der Karriereleiter,
er denke für die Firma mit
und bringe den Lohn gleich selber mit.

Er sage zu allem Ja und Amen,
vermeide stets Gewerkschafts-Dramen,
arrangiere sich mit Manager-Pfründen
und wird niemals 'nen Betriebsrat gründen.

Ein Familienleben scheint ihm fremd,
bei Mehrarbeit ist er ungehemmt
er neigt sein Haupt und senkt den Blick -
das ist des Unternehmers Glück.

Vom Wägen und vom Wagen

Sorgsam wäge und dann sage,
doch wäg' nicht zu lang hin und her.
Wer zu lang wägt, ob er was wage,
wagt irgendwann dann gar nichts mehr.

Ein jedes hat wohl seinen Sinn,
das Wägen und das Wagen,
doch zieht's mich mehr zum Wagen hin
als nur zum bloßen Sagen.

Das Wagen ist die heikle Sache,
das Sagen oft nur Schall und Rauch -
bevor ich sage und nicht mache,
entscheid' ich aus dem Bauch.

Betrachtungen

Es scheint mir wie ein Bettler,
wer ständig rafft und schafft.
Er wird dadurch nicht netter,
verschwendet seine Kraft.

Es ist gewiß ein König,
wer stetig Gutes tut.
Faßt auch die Börse wenig,
sein Lachen ist sein Gut.

Doch der, der reinen Herzens gibt,
der sanfter ist und leiser,
der liebt, und wieder wird geliebt,
der fühlt sich wie ein Kaiser.

Fernweh

Siehst Du diese Wolken ziehen
in ihrer herrlich weißen Pracht?
So wie sie will ich entfliehen,
gerade wenn die Sonne lacht.

Ferne Länder, fremdes Lied
möcht' sehen ich und hören.
Oh, wie das am Herzen zieht,
will mich schier betören.

Fernweh reißt mir an der Seele,
das eig'ne Land scheint abgewohnt.
Behaltet Euer Brot und Spiele,
wird Zeit, daß sich das Leben lohnt.

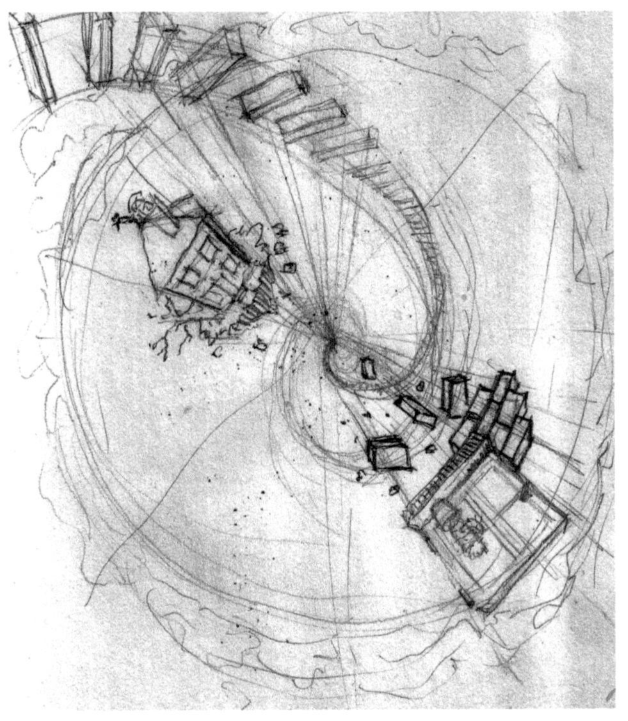

„Spirale", Bleistiftskizze, 2009